Schätze aus Opas Zeiten

Selbstgemachter

Schnäpse und Liköre

Schätze aus Opas Zeiten

Selbstgemachter

Schnäpse und Liköre

ANDREA VERLAG

Inhalt

Liköre – Obst und Beeren

Liköre – Kräuter, Gewürze

Schnäpse – Obst und Beeren

Schnäpse – Kräuter, Gewürze

Tinkturen

Einführung

Schnäpse und Liköre selbst herzustellen, gehörte früher zum Alltag in den ländlichen Regionen, wo die Rohstoffe allgemein verfügbar waren. Fertige Spirituosen waren teuer. Heute geht es weniger ums Geld als vielmehr um die Freude am eigenen Erzeugnis. Und das Beste: Das Ansetzen dieser Köstlichkeiten bereitet keinen großen Aufwand. Sie brauchen im Wesentlichen nur vier Dinge: Früchte, Alkohol, Zucker und viel Geduld.

Früchte

Für selbst gemachte Liköre lassen sich viele Früchte und Kräuter verwenden. Lassen Sie sich bei der Auswahl der Früchte von der Saison leiten! Nehmen Sie heimische, erntefrische Erdbeeren, wenn Erdbeerzeit ist und nicht im Winter, wenn Sie nur halbreife, geschmacklose Importware bekommen, die schon einige Tage Transport und Lagerung hinter sich hat. Beneidenswert sind Sie, wenn Sie Ihr Obst im eigenen Garten ernten können.

Das Wichtigste beim Ansetzen von Schnäpsen und Likören sind die Aromaträger. Je aromatischer das verwendete Obst ist, desto besser. Nehmen Sie immer nur die besten, vollreifen Früchte. Sortieren Sie alles aus, was nicht absolut einwandfrei ist. Überreife oder von Fäulnis befallene Früchte haben in Ihrem Ansatz nichts zu suchen. Entsprechendes gilt auch für die Kräuter.

Alkohol

Neben den Früchten ist der Alkohol die wichtigste Zutat. Er verhindert, dass die Früchte und Kräuter gären oder von Schimmel befallen werden, was einen Totalausfall Ihrer „Produktion" bedeuten würde. Um auf der sicheren Seite zu sein, sollten Sie bei Ihren Ansätzen im Zweifelsfall eher einen höheren Alkoholgehalt (min. 40 % vol.) als einen zu niedrigen wählen. Durch das in den Früchten enthaltene Wasser wird der Ansatz ohnehin verdünnt und kann bei Bedarf später weiter verdünnt werden.

Welche Alkoholsorte Sie verwenden, ist Geschmackssache. Die Empfehlungen in den Rezepten sind unverbindlich, haben sich aber in der Praxis bewährt. Am vielseitigsten lassen sich Wodka und Kornbranntwein (Doppelkorn) verwenden, die wenig Eigengeschmack haben und damit das Aroma der Früchte kaum beeinflussen. Das Gleiche gilt auch für reinen Alkohol (96 % vol.) aus der Apotheke. Gin, ein Wacholderschnaps, ist gut geeignet für Gewürzliköre. Obstschnäpse können den Fruchtgeschmack unterstreichen, sofern sie zu den Früchten passen.

Cognac, Rum und ähnliche Brände mit weichem Eigengeschmack lassen sich gut zusammen mit fleischigen Früchten, wie Zwetschgen, verwenden. Wagen Sie eigene Experimente!

Zucker

Zucker ist die dritte Zutat, ohne die kein Likör gelingen kann. Aber auch die selbst gemachten Schnäpse vertragen etwas Zucker. Liköre und Schnäpse werden durch den Zucker weich und mild. Geeignet sind sowohl feiner Raffinadezucker als auch Kandiszucker und Zuckersirup. Der Zucker soll sich im Ansatz relativ rasch auflösen. Deshalb muss Kandiszucker stets etwas zerstoßen werden. Zum Süßen geeignet sind auch Honig und Ahornsirup. Allerdings sollten Sie darauf achten, dass deren Eigengeschmack mit den Früchten harmoniert.

Die Zuckerzugabe wird häufig ergänzt durch das eine oder andere natürliche Aroma wie Vanille, Zimt oder Gewürznelken. Denkbar ist auch die Zugabe von Ingwer, Chili oder Kaffeebohnen. Entwickeln Sie Ihr persönliches Geheimrezept!

Geduld

Nach dem Ansetzen beginnt die mehr oder weniger lange Reifezeit, die Sie geduldig überstehen müssen. Ansätze mit frischen Kräutern sind vielleicht schon nach Tagen trinkreif, während manche Steinobstliköre viele Wochen oder Monate brauchen, bis Sie kosten dürfen. Feste Regeln hierzu gibt es nicht, da der Standort des Ansatzes eine wesentliche Rolle spielt. Ein warmer, auch sonniger Standort unterstützt den Alkohol bei seiner Arbeit. Wenn der Ansatz lieber langsam reifen soll, wählt man einen kühleren Standort. Auch hier gilt: Probieren geht über Studieren.

Keinen Spielraum gibt es beim sorgfältigen Verschließen des Ansatzgefäßes. Es muss verhindert werden, dass der Alkohol sich verflüchtigt und die Früchte verderben. Dazu gehört auch, dass die Zutaten stets gut mit Alkohol bedeckt sind. Falls erforderlich, geben Sie über den Rezeptvorschlag hinaus mehr Alkohol hinzu.

In den Rezepten wird häufig empfohlen, den Ansatz hin und wieder zu schütteln. So sollen sich der Zucker schneller lösen und die Zutaten gut vermischen. Aber übertreiben Sie das Schütteln nicht, damit die Früchte nicht vermatschen.

Wenn die Ruhezeit endlich vorbei ist, müssen Sie Ihren Likör noch filtern, um die Früchte, Gewürze und Trübstoffe zu entfernen. Für die gröberen Teile reicht ein feines Sieb. Die Trübstoffe lassen sich besser mit einem feinen Tuch oder einem Kaffeefilter aussondern. Den fertigen Likör füllen Sie abschließend in kleine, etikettierte Flaschen um, die sich auch verschenken lassen.

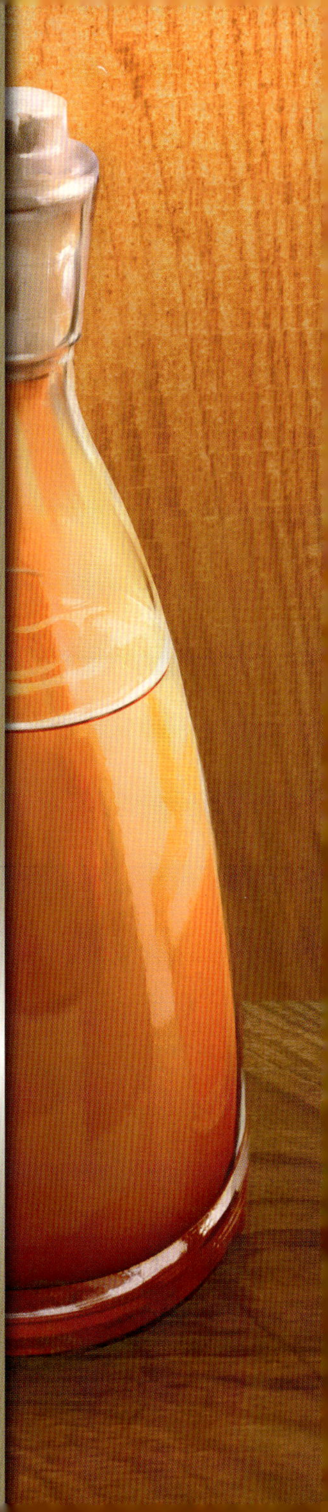

Aprikosenlikör

Zutaten:

500 g Aprikosen
200 g braunen Zucker
ca. 1 l Wodka
1 Vanilleschote
1/2 Zimtstange
etwas Bittermandelaroma

Zubereitung

Die Aprikosen waschen, halbieren und entkernen. Die Vanilleschote aufschlitzen und die Zimtstange zerkleinern. Die Aprikosenhälften mit dem Zucker schichtweise in ein Gefäß, z. B. in einen Rumtopf, geben.

Die Zimtstücke dabei gleichmäßig verteilen. Die Vanilleschote obenauf legen und alles mit Wodka übergießen, bis der gesamte Inhalt bedeckt ist. Nun ein paar Tropfen Bittermandelaroma hineingeben und mindestens 6 Wochen im Dunkeln ruhen lassen. Danach den fertigen Aprikosenlikör durch ein feines Sieb in eine Flasche abfüllen.

Birnenlikör

Zutaten:

1 kg süße,
reife Birnen

500 g weißer
Kandiszucker

1 Vanilleschote

2 Zimtstangen

Bittermandelaroma

1,5 l Wodka
oder Korn

Zubereitung

Die gewaschenen Birnen schälen und in kleine Stücke schneiden. Kandiszucker, Vanilleschote und Zimtstangen zerkleinern und mit den Birnenstücken vermischt in ein großes verschließbares Ansatzgefäß geben.

Mit dem Wodka oder Korn auffüllen, bis der Inhalt gut bedeckt ist, das Bittermandelaroma hinzufügen und das Gefäß gut verschließen. An einem dunklen Ort mindestens 6 Wochen reifen lassen. In dieser Zeit zwei oder drei Mal den Ansatz kräftig durchrühren. Am Ende den Ansatz gut gefiltert auf Flaschen abfüllen und kühl lagern.

Tipp:
Die klassische Birnensorte für Likör ist Williams Christ. Da können Sie nichts falsch machen.

Brombeerlikör

Zubereitung

Den Kandiszucker und die Vanilleschoten zerkleinern und zusammen mit den gewaschenen Brombeeren und der Zitronenmelisse in ein verschließbares Ansatzgefäß geben.

Zutaten:

1 kg Brombeeren

500 g brauner Kandiszucker

2 Vanilleschoten

1 l Wodka

einige Blätter (Stängel) Zitronenmelisse

Mit dem Wodka auffüllen, bis alle Brombeeren bedeckt sind, das Gefäß verschließen und mindestens 6 Wochen kühl und dunkel reifen lassen. Anschließend den Likör gut filtern und in Flaschen umfüllen. Kühl lagern!

Tipp:
Probieren Sie die Beeren! Wenn sie allzu säuerlich schmecken, geben Sie etwas mehr Zucker hinzu.

Erdbeerlikör

Zubereitung

Die Erdbeeren waschen und vierteln, die Vanilleschote längs halbieren und klein schneiden. Beides zusammen mit dem Zucker und den Pfefferminzblättern in ein Ansatzgefäß geben und mit dem Wodka auffüllen, bis die Erdbeeren bedeckt sind.

Zutaten:

- 500 g frische Erdbeeren
- 0,7 l Wodka oder Weinbrand
- 1 Tüte Vanillezucker
- 200 g Zucker
- einige Pfefferminzblätter
- Saft einer halben Zitrone

Den Ansatz gut verschlossen an einem kühlen, dunklen Ort reifen lassen. Nach 6 bis 8 Wochen den fertigen Likör filtern und in Flaschen füllen.

Tipp:
Frische Erdbeeren mit Schlagsahne und dazu ein Schuss Erdbeerlikör!

Feigenlikör

Zubereitung

Die Feigen waschen, in Stücke oder Scheiben schneiden und abtropfen lassen. In ein verschließbares Ansatzgefäß abwechselnd Feigen und Zucker geben und mit dem Grappa auffüllen.

Zutaten:

500 g blaue Feigen
250 g Kandiszucker
0,75 l Grappa
(42 % vol.)

Tipp:
Feigenlikör ist reich an Vitaminen und stärkt das Immunsystem.

Wenn der Zucker sich sichtbar aufgelöst hat, den Ansatz kräftig durchschütteln und dann 4 bis 6 Wochen ruhen lassen. Danach den Feigenlikör sorgfältig filtern, bis er vollkommen klar ist, und in Flaschen abfüllen. Kühl und dunkel lagern!

Heidelbeer-likör

Zutaten:

1 kg Heidelbeeren
500 g Zucker
2 Vanilleschoten
1,5 l Weinbrand

Zubereitung

Die Heidelbeeren waschen und mit dem untergemischten Zucker und den zerkleinerten Vanilleschoten in ein großes, verschließbares Gefäß geben.

Tipp: Die ausgefilterten Heidelbeeren lassen sich gut als Zutat für Eis oder raffinierte Muffins weiterverarbeiten.

Mit Weinbrand auffüllen, bis alle Beeren bedeckt sind. Das Gefäß gut verschließen und an einem kühlen und dunklen Ort mindestens 5 Wochen ziehen lassen. Dann den Likör filtern und abfüllen.

Himbeerlikör

Zubereitung

Die Himbeeren zusammen mit dem Zucker und der aufgeschlitzten Vanilleschote in ein Ansatzgefäß geben. Dann mit Wodka auffüllen, bis die Früchte gut bedeckt sind, und verschlossen an einen sonnigen Platz stellen.

Zutaten:

500 g Himbeeren
250 g Zucker
1 Vanilleschote
0,75 l Wodka
(mindestens 40 % vol.)

Tipp:
Die Himbeerfrüchte lassen sich gut für Desserts verwenden.

Je nach Sonneneinstrahlung 3 bis 6 Wochen reifen lassen, dabei immer mal wieder schütteln. Danach den Ansatz filtern und in Flaschen abfüllen. Den fertigen Himbeerlikör kühl und dunkel noch einige Zeit ruhen lassen.

Holunder-likör

Zubereitung

Die Holunderbeeren waschen, trocknen, von den Stängeln befreien und in ein verschließbares Ansatzgefäß geben. Die Beeren mit einem Stampfer zerdrücken und mit dem Zucker vermischen. Die Zimtstange zugeben.

Zutaten:

1 kg Holunderbeeren
400 g feinen Zucker
1 Zimtstange
1 l Wodka oder Obstler

Tipp:
Genießer versehen ihr Glas Holunderlikör mit einem Sahnehäubchen.

Mit dem Wodka oder Obstler auffüllen, bis die Masse vollständig bedeckt ist. Das verschlossene Gefäß mindestens 6 Wochen an einen sonnigen Platz stellen. Danach den Likör filtern, auf Flaschen füllen und kühl lagern.

Kirschlikör

Zubereitung

Die Kirschen waschen und entsteinen (nur absolut einwandfreie Kirschen verwenden!) und zusammen mit dem zerstoßenen Kandiszucker und den Gewürzen in ein Ansatzgefäß geben. Dann mit dem Wodka auffüllen.

Zutaten:

300 g Süßkirschen
250 g brauner Kandiszucker
5 Gewürznelken
1 Zimtstange
0,75 l Wodka

Tipp:
Veredeln Sie einen Becher Vanilleeis mit einem Schuss Kirschlikör! Sie werden es nicht bereuen.

Die Früchte müssen vollständig bedeckt sein. Das Ansatzgefäß verschließen und ca. 6 Wochen an einem kühlen, dunklen Platz ziehen lassen. Danach den Kirschlikör sorgfältig filtern und abfüllen. Weiterhin kühl lagern!

Kiwilikör

Zubereitung

Die Vanilleschote spalten und zerkleinern. Die Kiwis schälen, in dünne Scheiben schneiden und zusammen mit dem Zucker, der Vanilleschote und der Zitronenmelisse in ein Ansatzgefäß geben.

Zutaten:

8 ausgereifte Kiwis
250 g Zucker
1 Vanilleschote
einige Blätter Zitronenmelisse
0,75 l Wodka oder weißer Rum

Tipp:
Im Sommer empfiehlt sich ein Cocktail aus Kiwilikör und pürierter Kiwi (siehe Bild).

Mit dem Wodka auffüllen und das Gefäß gut verschließen. Mindestens 2 Monate an einem kühlen Ort reifen lassen. Anschließend sorgfältig filtern und abfüllen. Den Kiwilikör kühl lagern.

Mandarinenlikör

Zubereitung

Die Mandarinen schälen, sorgfältig alle störenden Hautfäden entfernen und in kleine Stücke schneiden, die Vanilleschoten spalten. Die Früchte zusammen mit den anderen Zutaten in ein Ansatzgefäß geben und mit dem Cognac bzw. Rum auffüllen.

Zutaten:

1 kg Mandarinen
500 g Kandiszucker
100 ml Ahornsirup
2 Vanilleschoten
0,75 l Cognac oder Rum

Alle Früchte müssen gut bedeckt sein. Das Gefäß verschließen und 6 Wochen stehen lassen, gelegentlich schütteln. Danach den Likör filtern und in Flaschen abfüllen.

Mangolikör

Zubereitung

Die Mangos schälen, vom Kern befreien und in kleine Stücke schneiden. Die Vanilleschoten der Länge nach teilen. Die Früchte zusammen mit dem Zucker und den Vanilleschoten in ein Ansatzgefäß geben und mit dem Rum auffüllen.

Zutaten:

2 Mangos
2 Vanilleschoten
250 g Zucker
etwas Zitronensaft
0,75 l Rum oder Wodka (50 % vol.)

Tipp:
Mangoschalen können Hautreizungen verursachen. Allergiker sollten geschälte Mangofrüchte (Dose) verwenden.

Alle Früchte müssen gut bedeckt sein. Einen Spritzer Zitronensaft zugeben und das Ansatzgefäß gut verschließen. Den Ansatz mindestens 8 Wochen an einem dunklen Ort reifen lassen, ab und zu schütteln. Den fertigen Likör filtern und abfüllen. Die abgefilterten Mangostücke vervollkommnen perfekt ein Vanilleeis.

Maulbeer-likör

Zubereitung

Die Maulbeeren leicht zerdrücken und zusammen mit dem Zucker und den Nelken in ein Ansatzgefäß geben, dann mit dem Grappa auffüllen. Die Maulbeeren müssen vollständig bedeckt sein.

Zutaten:

800 g Maulbeeren
250 g Zucker
2 Gewürznelken
0,75 l Grappa, Obstler oder Rum

Tipp:

Sie können auch getrocknete Maulbeeren verwenden.

Allerdings haben die ihre schöne Farbe verloren.

Dann nehmen Sie am besten Rum für den Ansatz.

Das gut verschlossene Gefäß für 4 Wochen an einen warmen, sonnigen Platz stellen und ab und zu schütteln. Anschließend den Likör sorgfältig filtern und in Flaschen abfüllen. Zusammen mit zerkleinerten frischen Maulbeeren lassen sich die ausgefilterten Früchte zu einem leckeren Gelee weiter verarbeiten.

Melonenlikör

Zubereitung

Die Honigmelone teilen, die Kerne mit einem Löffel entfernen und das Melonenfleisch in kleine Stücke schneiden. Den Kandiszucker zerstoßen und die Vanilleschote der Länge nach halbieren.

Zutaten:

- 1 kleinere Honigmelone
- 250 g weißer Kandiszucker
- 1 Vanilleschote
- 0,75 l Wodka oder Kirschwasser

Tipp:
Gönnen Sie sich mal eine Portion Vanille- oder Nuss-Eis mit Melonenlikör!

Alle Zutaten in ein Ansatzgefäß füllen und den Wodka zugeben, bis das Fruchtfleisch vollkommen bedeckt ist. Das verschlossene Gefäß mindestens 6 Wochen an einen kühlen und dunklen Ort stellen. Den reifen Likör filtern und in Flaschen abfüllen.

Mirabellenlikör

Zubereitung

Die Mirabellen waschen und entsteinen, den Kandiszucker zerstoßen und die Vanilleschoten der Länge nach aufschneiden. Alle Zutaten in ein verschließbares Ansatzgefäß geben und mit dem Wodka (Obstler) auffüllen.

Zutaten:

1 kg reife Mirabellen
600 g Kandiszucker
2 Vanilleschoten
1 Liter Wodka oder Obstler

Tipp:
Gönnen Sie sich ein Glas Prosecco mit Mirabellenlikör, gemixt im Verhältnis 3:1.

Alle Früchte müssen gut bedeckt sein.
Das verschlossene Gefäß entweder 3 Wochen an einen sonnigen oder 8 Wochen an einen kühlen, dunklen Ort stellen, ab und zu schütteln. Danach den Likör filtern, abfüllen und weitere 4 Wochen im Dunkeln reifen lassen.

Orangenlikör

Zubereitung

Von den Orangen die Schalen vorsichtig abreiben, aber nicht das bittere Weiße der Innenschale. Dann den Saft der Orangen auspressen, den Kandiszucker zerstoßen und zusammen mit dem Orangensaft und dem Schalenabrieb in ein Ansatzgefäß geben.

Zutaten:

1 kg unbehandelte Orangen

500 g Kandiszucker

0,75 l Cognac oder Weinbrand (40 % vol.)

Den Cognac hinzugießen. Das gut verschlossene Gefäß 3 Wochen an einen warmen Platz stellen, ab und zu schütteln. Danach sorgfältig filtern, in Flaschen abfüllen und den Likör noch einige Zeit ruhen lassen.

Tipp:
Alternativ zu Cognac können Sie Orangenlikör auch mit Whisky ansetzen.

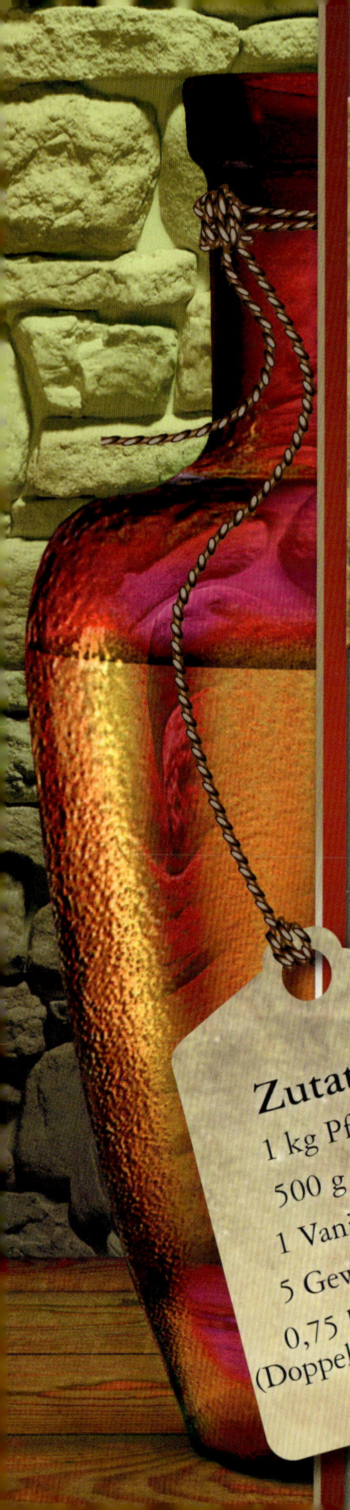

Pfirsichlikör

Zubereitung

Die Vanilleschote der Länge nach halbieren, die Pfirsichsteine entfernen, das Fruchtfleisch in kleine Stücke schneiden und mit den anderen Zutaten vermischt in ein Ansatzgefäß geben.

Zutaten:

1 kg Pfirsiche
500 g Zucker
1 Vanilleschote
5 Gewürznelken
0,75 l Kornbrand
(Doppelkorn 40 % vol.)

Tipp:
In älteren Rezepten werden Pfirsichkerne anstatt Fruchtfleisch mit Alkohol angesetzt, um den feinen Bittermandelgeschmack zu extrahieren. Vorsicht: Bittermandeln bilden im Magen Blausäure und sind in größeren Mengen giftig!

Mit dem Kornbrand auffüllen.
Die Früchte müssen vollkommen bedeckt sein. Den Ansatz gut verschlossen mindestens 4 Wochen an einem warmen Ort ruhen lassen, gelegentlich leicht schütteln. Anschließend den Likör gut filtern, in Flaschen abfüllen und noch etwa 3 Monate im Keller reifen lassen.

Preiselbeer-likör

Zubereitung

Die Preiselbeeren sorgfältig verlesen und leicht anquetschen, den Kandiszucker etwas zerstoßen. Alle Zutaten vermischt in ein Ansatzgefäß geben und mit dem Wodka auffüllen.

Zutaten:

500 g frische Preiselbeeren

300 g Kandiszucker

1 TL Kümmel

0,75 l Wodka oder Kornbrand

Die Früchte müssen vollständig bedeckt sein. Das gut verschlossene Gefäß 8 bis 10 Wochen an einem dunklen Platz ruhen lassen, dann den Likör filtern und abfüllen.

Tipp: Gönnen Sie dem fertigen Preiselbeerlikör noch zwei Wochen Ruhe!

Quittenlikör

Zubereitung

Von den Quitten das Kerngehäuse entfernen, das relativ harte Quittenfleisch sehr fein hacken und zusammen mit den Gewürznelken und ein paar Tropfen Bittermandelaroma in ein Ansatzgefäß geben.

Zutaten:

600 g Quitten
250 g Zucker
10 Gewürznelken
Bittermandelaroma
0,75 l Wodka
(50 % vol.)

Tipp:
Der Zucker löst sich schneller auf, wenn Sie ihn mit etwas heißem Wasser zu einem Sirup ansetzen, diesen abkühlen lassen und dann dem Likör zugeben.

Mit dem Wodka auffüllen, bis alles gut bedeckt ist. Das Gefäß gut verschließen und den Ansatz 6 bis 8 Wochen ziehen lassen. Dann erst den Zucker zugeben. Wenn sich der Zucker nach einiger Zeit aufgelöst hat, den Quittenlikör filtern und in Flaschen abfüllen.

Sanddornlikör

Zubereitung

Die Vanilleschote der Länge nach halbieren. Die Sanddornbeeren, mit dem Zucker vermischt, in ein Ansatzgefäß füllen, dazu die Vanilleschote geben und mit dem Wodka aufgießen. Die Früchte müssen vollständig bedeckt sein.

Zutaten:

600 g frische Sanddornbeeren

300 g Zucker

1 Vanilleschote

0,75 l Wodka (50 % vol.)

Tipp:
Sanddorn ist außerordentlich reich an Vitamin C. Sein Likör passt sehr gut zu einem sahnigen Dessert.

Das Ansatzgefäß verschließen und mindestens 8 Wochen an einen warmen, sonnigen Platz stellen, ab und zu schütteln. Danach den Likör filtern und in Flaschen umfüllen. Kühl lagern!

Sauerkirschlikör

Zutaten:

750 g Sauerkirschen
600 g Zucker
1 Vanilleschote
Bittermandel-Aroma
0,75 l Wodka

Zubereitung

Die Sauerkirschen waschen und entsteinen und zusammen mit dem Zucker und der aufgeschnittenen Vanilleschote in ein Ansatzgefäß geben. Dann mit dem Wodka auffüllen.

Die Früchte müssen vollständig bedeckt sein. Ein paar Tropfen Bittermandelaroma hinzugeben und das Gefäß verschließen. Den Ansatz 3 Wochen an einem sonnigen Platz ziehen lassen. Danach den Kirschlikör filtern und abfüllen.

Tipp:
Sauerkirschlikör eignet sich unter anderem sehr gut als Zugabe zu Desserts.

Schlehenlikör

Zubereitung

Die Schlehen gut verlesen, leicht quetschen und zusammen mit der aufgeschlitzten Vanillestange und dem Wodka in ein Ansatzgefäß füllen. Die Früchte müssen vollkommen von Wodka bedeckt sein.

Zutaten:

700 g Schlehen
350 g Zucker
1 Vanillestange
0,7 l Wodka (50 % vol.)

Tipp:
Wenn Sie die Schlehen selbst ernten wollen, warten Sie bis nach dem ersten Frost. Dann haben die Früchte ihr bestes Aroma.

Den Ansatz an einem dunklen Platz 8 Wochen ziehen lassen, anschließend in einen genügend großen Topf filtern. Dann den Zucker in etwas Wasser auflösen und in den Topf hinzu mischen. Den Schlehenlikör in Flaschen abfüllen und noch 2 Monate ruhen lassen.

Stachelbeer-likör

Zubereitung

Die Stachelbeeren waschen, trocknen und von den Blüten- und Stielansätzen befreien. Die Vanilleschote der Länge nach halbieren und zerkleinern. Früchte, Zucker und Vanilleschote

Zutaten:

400 g Stachelbeeren
300 g Zucker
1 Vanilleschote
0,7 l Wodka oder Obstler (50 % vol.)

vermischt in ein Ansatzgefäß geben und mit Wodka auffüllen, bis alles gut bedeckt ist. Das Gefäß verschließen und mindestens 4 Monate an einen warmen Platz stellen, dabei ab und zu schütteln. Anschließend den Likör filtern und in Flaschen umfüllen.

Tipp:
Angeblich sollen Stachelbeeren den Haarwuchs fördern. Wenn das kein Grund ist, sich ein Gläschen zu genehmigen!

Wacholderlikör

Zubereitung

Die handelsüblichen Wacholderbeeren und den Kandiszucker etwas zerstoßen. Frische Beeren vorab ein paar Tage trocknen lassen. Beide Zutaten in eine Flasche mit weitem Hals geben.

Zutaten:

100 g Wacholderbeeren

300 g Kandiszucker

0,7 l Cognac oder Weinbrand

Die Flasche mit dem Cognac füllen, so dass alles bedeckt ist und gut verschlossen mindestens 2 Wochen an einem sonnigen Platz ziehen lassen. Danach den Ansatz filtern und in frische Flaschen umfüllen.

Tipp:
Wacholderlikör fördert vor dem Essen den Appetit und ist nach dem Essen gut für die Verdauung.

Waldbeerenlikör

Zubereitung

Die Waldbeeren zusammen mit dem Rum in ein Ansatzgefäß geben, gut verschließen und 4 Wochen an einem dunklen Platz ziehen lassen, ab und zu schütteln.

Zutaten:

- 500 g gemischte Waldbeeren (z.B. Brombeeren, Erdbeeren, Heidelbeeren, Himbeeren)
- 1 Liter Rum
- 300 g Zucker

Tipp:
Krönen Sie einen Eisbecher mit einem Schuss Waldbeerenlikör!

Dann den Ansatz mit einem Metallküchensieb filtern, dabei die Früchte etwas ausdrücken. Dem Likör den Zucker zugeben und weitere 3 Wochen ziehen lassen. Anfangs ab und zu schütteln, bis sich der Zucker aufgelöst hat.

Walnuss-likör

Zubereitung

Die Walnüsse knacken, bei erntefrischen Nüssen, wenn möglich, die braune Haut von den Kernen abziehen. Den Kandiszucker etwas zerstoßen, die Vanillestange aufschlitzen. Die Walnusshälften mit dem Zucker und der Vanille in ein Ansatzgefäß geben und mit dem Cognac auffüllen.

Zutaten:

300 g Walnüsse
150 g Kandiszucker
1 Vanillestange
0,7 l Cognac oder Weinbrand

Den Ansatz verschließen und mindestens 6 Wochen an einem warmen Ort ziehen lassen. Anschließend den Likör filtern, in Flaschen abfüllen und noch 2 Wochen ruhen lassen.

Tipp:
Die ausgefilterten Walnusshälften schmecken vorzüglich zu einem Eisbecher mit Sahne.

Weißdorn-likör

Zubereitung

Die Weißdornbeeren und den Zucker vermischt in eine weithalsige Flasche geben und mit dem Cognac auffüllen. Alle Beeren müssen vollständig bedeckt sein.

Zutaten:

300 g frische Weißdornbeeren
150 g Zucker
0,7 l Cognac oder Rum

Die verschlossene Flasche mindestens 8 Wochen an einen sonnigen Platz stellen und gelegentlich schütteln. Danach den Likör filtern, in frische Flaschen umfüllen und mindestens 4 weitere Wochen reifen lassen.

Tipp:
Weißdorn wird in der Medizin zur Stärkung der Herzfunktion genutzt. Daher sollte beim reinen „Genusstrinken" Maß gehalten werden!

Zitronenlikör

Zubereitung

Die Zitronen gründlich waschen und hauchdünn schälen. Das bittere Weiße der inneren Zitronenschale darf nicht geschält werden. Dann aus den geschälten Zitronen den Saft auspressen.

Zutaten:

- 4 unbehandelte reife Zitronen
- 200 g Zucker
- 100 g Honig
- 0,7 l Wodka oder Doppelkorn

Tipp:
Ein Glas Mineralwasser mit einem Schuss Zitronenlikör ist ein erfrischendes Sommergetränk.

Den Saft zusammen mit den Zitronenschalen, dem Zucker, dem Honig und dem Wodka in eine Flasche füllen und verschließen. Den Ansatz 4 Wochen an einem sonnigen Ort ziehen lassen, ab und zu schütteln. Danach den Likör filtern, in frische Flaschen umfüllen und 6 Wochen reifen lassen.

Zwetschgen-likör

Zubereitung

Die Zwetschgen verlesen, vierteln und die Steine entfernen. Die Vanilleschote der Länge nach halbieren. Zwetschgenstücke und Zucker schichtweise in ein Ansatzgefäß geben, dazu die Vanilleschote und das Bittermandelaroma geben. Mit dem Wodka auffüllen.

Zutaten:

1 kg vollreife Zwetschgen

400 g Zucker

1 Vanilleschote

etwas Bittermandel-aroma

0,7 l Wodka oder Doppelkorn

Die Früchte müssen vollständig bedeckt sein. Den verschlossenen Ansatz an einem hellen Platz mindestens 4 Wochen ziehen lassen. Währenddessen gelegentlich schütteln. Anschließend filtern und in Flaschen abfüllen.

Tipp: Die Zwetschgenstücke lassen sich noch sehr gut für ein Dessert verwenden.

Anislikör

Zubereitung

Die Anissamen zerstoßen oder zermahlen und zusammen mit den restlichen Zutaten in ein gut verschließbares Gefäß füllen.

Zutaten:

50 g Anissamen
400 g Zucker
1 g Zimt
1 TL Gewürznelken
0,7 l Doppelkorn oder Wodka (40 % vol.)

Tipp:
Anislikör schmeckt nicht nur gut. Er ist auch außerordentlich bekömmlich und ein wirksames Mittel gegen das Völlegefühl nach einem reichhaltigen Essen.

Dann das Ganze mit dem Schnaps übergießen und an einem dunklen Ort, z. B. im Schrank, ziehen lassen. Nach etwa 6 Wochen den fertigen Likör durch einen Filter in eine saubere Flasche abfüllen.

Bärenfang

Zutaten:

1 Glas Honig (450 g)
0,4 l Weingeist (aus der Apotheke)
0,6 l destilliertes Wasser
1 unbehandelte Zitrone
2 Gewürznelken

Zubereitung

Den Honig mit ca. 0,3 l destilliertem Wasser in einem Topf erhitzen, aber keinesfalls kochen lassen. Von der Zitrone die Schale reiben, den Saft auspressen und die Nelken dazugeben.

Alles gut verrühren und erkalten lassen. Dann den Weingeist und das restliche destillierte Wasser zufügen. Das Ganze in einem verschließbaren Behälter etwa 6 Wochen an einem kühlen Ort reifen lassen. Dann abfiltern und in Flaschen umfüllen.

Tipp:
Wenn möglich, verwenden Sie den milden Blütenhonig vom Imker.

Bärlauchlikör

Zubereitung

Die Bärlauchblätter in kleine Stücke knicken und mit dem Zucker in ein gut verschließbares Glasgefäß (Flasche mit weitem Hals) geben. Die Gewürze dazugeben und mit dem Wodka auffüllen.

Zutaten:

ca. 20 bis 30 Bärlauchblätter (ohne Stängel)

250 g Zucker

3 Wacholderbeeren

1 Gewürznelke

ca. 1 l Wodka oder Gin (40-45 % vol.)

Den Ansatz etwa 2 Wochen in der Sonne ziehen lassen. Dann in Flaschen abfüllen und kühl lagern.

Tipp:
Bärlauchlikör ist als Genussmittel vielleicht nur zweite Wahl. Aber er ist gesund und stärkt das körpereigene Abwehrsystem.

Eierlikör

Zutaten:

Das Eigelb von 12 Eiern
250 g Puderzucker
0,25 l süße Sahne
3 Tüten Vanillezucker
0,75 l Cognac oder Weinbrand

Zubereitung

Das Eigelb mit der Sahne schaumig schlagen, Puderzucker und Vanillezucker unterrühren.

Den Cognac dazu mischen, in Flaschen füllen und gut verschlossen im Kühlschrank 3 Tage ruhen lassen. Auch den trinkfertigen Eierlikör im Kühlschrank aufbewahren.

Tipp:
Eierlikör wird im Kühlschrank fest. Durch kräftiges Schütteln wird er wieder flüssig und lässt sich in Gläser gießen.

Fenchellikör

Zubereitung

Den Fenchelsamen in ein verschließbares Gefäß geben und mit Doppelkorn auffüllen. Den Zucker mit etwa der gleichen Menge Wasser zu einem Sirup kochen, zu dem Fenchelansatz geben und gut durchschütteln.

Zutaten:

250 g Fenchelsamen
200 g Kandiszucker
0,75 l Doppelkorn oder Wodka

Tipp:
Fenchellikör ist ein hervorragender Helfer, wenn es im Bauch rumort.

Den Ansatz 4 Wochen ziehen lassen, dann filtern und in eine Flasche abfüllen.

Honiglikör

Zubereitung

Den Honig mit dem Apfelsaft in einem Topf bei schwacher Hitze verrühren, dann auf Zimmertemperatur abkühlen lassen.

Zutaten:

1 Glas würziger Honig (z. B. Tannen- oder Akazienhonig, 450 g)

150 ml Apfelsaft

1 l weißer Rum (40-50 % vol.)

Tipp:
Bewachen Sie den Honiglikör gut! Dann können Sie ihn einige Monate lang genießen.

Anschließend mit dem Rum aufgießen, gut verrühren und in Flaschen abfüllen. Kühl und dunkel aufbewahren.

Ingwerlikör

Zutaten:

300 g Ingwerwurzel
250 g Zucker
0,75 l Wodka

Zubereitung

Die Ingwerwurzel schälen und in sehr kleine Stücke schneiden, mit dem Zucker vermischen und in ein Ansatzgefäß geben.

Tipp:
Ein Glas Ingwerlikör hilft bei Übelkeit und Magen-Darm-Beschwerden.

Mit dem Wodka auffüllen, das Gefäß verschließen und kühl und dunkel 4 Wochen ruhen lassen. Anschließend den Likör filtern und in Flaschen umfüllen. Weiterhin kühl und dunkel aufbewahren.

Kaffeelikör

Zubereitung

Den Zucker im heißen Espresso auflösen und erkalten lassen. Dann in einem Ansatzgefäß Espresso und Weinbrand mischen und gut verschlossen an einem kühlen, dunklen Platz bis zu 2 Wochen ziehen lassen.

Zutaten:

0,4 l heißer Espresso
300 g brauner Zucker
0,75 l Weinbrand oder Cognac

Tipp:
Kaffeelikör sollte nicht länger als 4 bis 6 Wochen gelagert werden!

Danach den Likör über ein Kaffee-Papierfilter von Kaffeerückständen befreien und in Flaschen füllen.

Kiefernzapfenlikör

Zubereitung

Die gewaschenen Kiefernzapfen in dünne Scheiben schneiden und in ein verschließbares Ansatzgefäß geben. Dann den Waldhonig darüber gießen, mit dem Grappa auffüllen und gut verschließen.

Zutaten:

150 g grüne Kiefernzapfen oder Lärchenzapfen oder Tannenzapfen
150 g Waldhonig
0,75 l Grappa

Tipp:
Diese Nadelbäume blühen nur etwa alle vier Jahre. Wenn Sie Mühe haben, frische Zapfen zu finden, fragen Sie in Ihrer Apotheke nach.

Den Ansatz mindestens 3 Wochen an einen warmen und sonnigen Platz stellen und ab und zu gut durchschütteln. Danach den Likör filtern und abfüllen.

Korianderlikör

Zubereitung

Die Koriandersamen leicht zerstoßen und zusammen mit dem Zucker in ein gut verschließbares Ansatzgefäß füllen. Einige Tropfen Zitronensaft zugeben und mit dem Wodka auffüllen.

Zutaten:

- 50 g Koriandersamen
- 150 g Zucker
- einige Tropfen Zitronensaft
- 0,75 l Wodka oder Doppelkorn

Tipp:

Korianderlikör ist aromatisch, aber vor allem auch gut gegen Krämpfe und Blähungen.

Gut verschlossen für 3 Wochen an einem warmen, sonnigen Platz ziehen lassen, dabei den Ansatz häufig schütteln. Anschließend sehr sorgfältig filtern und in Flaschen umfüllen.

Kräuterlikör

Zubereitung

Die gesäuberten Kräuter klein schneiden und vermischt in ein Ansatzgefäß geben. Den Zucker einstreuen, etwas Zitronensaft dazugeben und mit dem Rum auffüllen.

Zutaten:

200 g brauner Zucker

je 1 bis 2 Zweige Basilikum, Melisse, Pfefferminze, Rosmarin, Salbei, Thymian

einige Kamillenblüten

etwas Zitronensaft

0,75 l Rum (mindestens 50 % vol.)

Tipp:
Ein Gläschen Kräuterlikör ist ein vortrefflicher Gute-Nacht-Trunk.

Den gut verschlossenen Ansatz mindestens 3 Wochen an einem dunklen, kühlen Ort ruhen lassen. Danach filtern und in Flaschen abfüllen.

Kümmellikör

Zubereitung

Den Kümmel leicht zerstoßen, mit dem Zucker mischen und in ein Ansatzgefäß geben. Mit dem Wodka (Obstler) auffüllen, das Gefäß gut verschließen und ca. 4 Wochen an einen warmen, sonnigen Platz stellen.

Zutaten:

60 g Kümmel
200 g Zucker
0,75 l Wodka oder Obstler

Tipp:
Bei Blähungen und leichten Krämpfen im Magen-Darm-Bereich kann ein Gläschen Kümmellikör sehr hilfreich sein.

Ab und zu schütteln. Anschließend den Likör filtern, in Flaschen abfüllen und kühl lagern.

Löwenzahn-likör

Zutaten:

80 Löwenzahnblüten
200 g Zucker
100 g Waldhonig
1 unbehandelte Zitrone
0,75 l Wodka
(50 % vol.)

Zubereitung

Die Löwenzahnblüten zusammen mit dem Zucker, dem Honig und der in kleine Stücke geschnittenen Zitrone (mit Schale) in ein Ansatzgefäß geben und mit dem Wodka auffüllen.

Tipp:
Genießen Sie den Löwenzahnlikör ohne schlechtes Gewissen: Löwenzahn ist eine der gesündesten Pflanzen überhaupt.

Das verschlossene Gefäß mindestens 4 Wochen an einen warmen Platz stellen und ab und zu schütteln. Danach sorgfältig filtern und in Flaschen abfüllen. Diese dann noch ein paar Wochen bis zur vollen Reife dunkel lagern.

Melissen-likör

Zutaten:

2 große Tassen Melissenblätter (Zitronenmelisse)
1 ungespritzte Zitrone
400 g Zucker
0,75 l Obstler oder Kirschwasser

Zubereitung

Die Melissenblätter mit dem Zucker und der in kleine Stücke geschnittenen Zitrone in ein Ansatzgefäß geben und mit dem Obstler auffüllen. Alle Melissenblätter müssen vollständig bedeckt sein.

Tipp:
Melissenlikör ist wie Medizin für die Nerven ohne nach Medizin zu schmecken.

Den Ansatz verschließen und 4 Wochen an einem warmen Platz ziehen lassen, ab und zu schütteln. Danach den Melissenlikör filtern und in Flaschen abfüllen.

Pfefferminz-likör

Zubereitung

Alle Zutaten vermischt in ein Ansatzgefäß geben und mit dem Wodka auffüllen. Das gut verschlossene Gefäß 3 Wochen an einen kühlen, dunklen Ort stellen und ab und zu schütteln. Anschließend den Pfefferminzlikör filtern und in Flaschen abfüllen.

Zutaten:

200 g frische Pfefferminzblätter
200 g Zucker
100 ml Ahornsirup
einige Blätter frische Zitronenmelisse
0,75 l Wodka (40-50 % vol.)

Tipp:

Versuchen Sie es mal mit einem Schuss Pfefferminzlikör im Obstsalat oder im Tee!

Rosenlikör

Zubereitung

Den Kandiszucker zerstoßen und vermischt mit den Rosenblättern in ein Ansatzgefäß geben. Den Ansatzbehälter mit dem Kirschwasser auffüllen. Den verschlossenen Ansatz 2 bis 4 Wochen im Dunklen ziehen lassen.

Zutaten:

150 g frische Rosenblätter von ungespritzten Rosen

300 g Kandiszucker

0,75 l Kirschwasser oder Wodka (50 % vol.)

Dann den Rosenlikör filtern, in Flaschen umfüllen und noch mindestens 2 Monate reifen lassen.

Tipp:

Wenn Sie die Möglichkeit haben, nehmen Sie die Blätter von Duftrosen! Je duftender desto besser.

Salbeilikör

Zubereitung

Die Salbeiblätter mit dem Zucker in ein Ansatzgefäß geben und mit dem Doppelkorn auffüllen, dazu einen Spritzer Zitronensaft. Das Gefäß verschließen und den Ansatz an einem sonnigen Ort mindestens 2 Wochen, an einem dunklen Ort mindestens 4 Wochen ziehen lassen.

Zutaten:

30 bis 40 Salbeiblätter
300 g Zucker
etwas Zitronensaft
0,75 l Doppelkorn

Danach den Salbeilikör filtern, in Flaschen umfüllen und noch 4 Wochen dunkel lagern.

Tipp:
Der sehr geschmacksintensive Salbeilikör ist unter anderem ein gutes Mittel gegen Husten und Halsentzündungen.

Schokoladen-likör

Zubereitung

Die Schokolade in kleine Stücke hacken und im Wasserbad langsam schmelzen. Die Sahne vorsichtig erhitzen (nicht kochen!) und mit der geschmolzenen Schokolade und dem Zucker mischen.

Zutaten:

200 g Schokolade (mindestens 70 % Kakaoanteil)
200 g Zucker
250 ml Sahne
0,7 l Cognac

Dann den Cognac zufügen und gut mischen. In Flaschen füllen und den Likör 3 Wochen an einem kühlen und dunklen Ort reifen lassen.

Tipp:
Der trinkfertige Schokoladenlikör sollte bald aufgebraucht werden. Aber das wird Ihnen nicht schwer fallen.

Apfelschnaps

Zubereitung

Die gewaschenen Äpfel schälen und ohne Kerngehäuse in kleine Würfel schneiden. Von der Limette den Saft auspressen und die Vanilleschote in Stücke schneiden.

Zutaten:

5 säuerliche Äpfel
1 Vanilleschote
1 Limette
1 l Wodka (40 % vol.)

Tipp:
Der Apfelschnaps schmeckt im Sommer pur und gut gekühlt besonders gut.

Im Winter kann ein Schuss Apfelschnaps in den heißen Tee gegeben werden.

Apfelstücke, Limettensaft und Vanilleschote in ein gut verschließbares Ansatzgefäß geben und mit dem Wodka auffüllen. Den Ansatz im geschlossenen Gefäß an einem nicht zu kalten Ort etwa 6 Wochen reifen lassen. Danach den fertigen Schnaps über einen Filter in Flaschen abfüllen.

Heidelbeer-schnaps

Zubereitung

Die Heidelbeeren in der Sonne einige Tage trocknen lassen. Anschließend in ein gut verschließbares Ansatzgefäß füllen und mit Wodka aufgießen. Die Früchte müssen vollständig bedeckt sein.

Zutaten:

1 kg Heidelbeeren
1 l Wodka
(mindestens 40 % vol.,
besser 50 % vol.)

Tipp:
Heidelbeeren sind reich an Gerbstoffen, die unter anderem die Verdauung stabilisieren.

Den Ansatz an einem warmen, hellen Platz 4 Wochen ziehen lassen und täglich schütteln. Danach weitere 4 Wochen ruhen lassen. Dann den Ansatz filtern und abfüllen.

Holunder-schnaps

Zubereitung

Die Holunderbeeren waschen, trocknen und von den Stängeln befreien. In ein verschließbares Ansatzgefäß geben und die Beeren zerdrücken. Dann den Honig untermischen und mit Wodka auffüllen, bis die Masse vollständig bedeckt ist.

Zutaten:

1 kg Holunderbeeren
100 g Honig
1 l Wodka
(mindestens 40 % vol., besser 50 % vol.)

Tipp:
Holunderschnaps in heißem Tee wärmt gut durch und wirkt bei einer Erkältung für Körper und Seele beruhigend.

Das verschlossene Gefäß ca. 8 Wochen an einen sonnigen Platz stellen. Danach den Ansatz filtern und auf Flaschen füllen. Den Holunderschnaps kühl lagern.

Johannisbeer-grappa

Zutaten:

400 g rote Johannisbeeren
1 Vanilleschote
150 g Zucker
0,7 l Grappa

Zubereitung

Die Johannisbeeren waschen und abtropfen lassen. Dann mit dem Zucker und der zerkleinerten Vanilleschote in ein Ansatzgefäß geben.

Tipp:
Lagern Sie den Johannisbeergrappa im Kühlschrank und genießen Sie ihn kühl.

Mit dem Grappa auffüllen, das Gefäß verschließen und mindestens 5 Wochen kühl und dunkel ruhen lassen. Anschließend den Johannisbeergrappa filtern und in Flaschen abfüllen.

Pflaumen-schnaps

Zubereitung

Die Pflaumen heiß oder kalt entsaften und gegebenenfalls abkühlen lassen. Den Saft mit dem Zimt und den Gewürznelken in eine Ansatzflasche geben, mit dem Wodka aufgießen und die Flasche gut verschließen.

Zutaten:

2 kg Pflaumen
1 TL Zimt
5 Gewürznelken
0,75 l Wodka

Tipp:
Ein Glas Pflaumenschnaps nach dem Essen unterstützt die Verdauung.

Mindestens 2 Wochen an einem warmen Ort ziehen lassen, dabei ab und zu schütteln. Danach den Pflaumenschnaps sorgfältig filtern und in Flaschen umfüllen. Im Kühlschrank lagern.

Wacholderschnaps

Zubereitung

Verwenden Sie handelsübliche getrocknete Wacholderbeeren. Frische Beeren sollten Sie ein paar Tage an einem warmen Ort trocknen. Die Wacholderbeeren in einem Mörser zerstoßen und in eine Flasche mit weitem Hals geben.

Zutaten:

100 g Wacholderbeeren
0,7 l Wodka
oder Gin (50 % vol.)

Die Flasche mit dem Wodka auffüllen und verschlossen mindestens 3 Wochen an einem kühlen Platz ziehen lassen. Danach den Ansatz filtern und in frische Flaschen umfüllen. Den Wacholderschnaps noch mindestens 4 Wochen ruhen lassen.

Tipp:
Wacholder war schon im Altertum fast ein Allheilmittel. Gönnen Sie den Schnaps Ihrem Magen nach einer deftigen Mahlzeit!

Basilikum-Schnaps

Zubereitung

Die Basilikumblätter waschen, mit einem Messer grob zerkleinern und zusammen mit der Zitronenschale in ein gut verschließbares Glasgefäß geben.

Zutaten:

1 Bund Basilikum (ca. 30 Blätter)

0,7 l Wodka (40-50 % vol.)

3 EL weißer Zucker

1 EL geriebene Zitronenschale (von einer unbehandelten Zitrone)

Tipp:
Zur Dekoration können Sie beim Abfüllen ein paar Basilikumblätter mit in die Flaschen geben.

Mit dem Wodka übergießen, bis alle Blätter bedeckt sind. Den Ansatz ca. 5 Tage im Dunkeln ziehen lassen. Dann den Zucker in ca. 0,1 l Wasser auflösen (darf erhitzt werden, muss aber dann wieder abkühlen). Den Basilikumansatz filtern, mit dem Zuckerwasser mischen und in Flaschen abfüllen.

Hopfenschnaps

Zubereitung

Die Hopfenblütenzapfen waschen und mit dem Zucker vermischt in ein glasklares, verschließbares Ansatzgefäß zusammen mit dem Wodka geben.

Zutaten:

30 Hopfenblütenzapfen
50 g brauner Rohrzucker
0,75 l Wodka

Den Ansatz an einen sonnigen Platz (z. B. Fensterbank) stellen und 3 Wochen lang einmal täglich schütteln oder umrühren. Danach noch einmal 3 Wochen ruhen lassen. Den fertigen Hopfenschnaps filtern und in Flaschen umfüllen.

Tipp:
Durch die beruhigende Wirkung des Hopfens verhilft ein Gläschen Hopfengeist zu einem entspannten Abend.

Jasminschnaps

Zubereitung

Die Jasminblüten zusammen mit dem Zucker in ein Ansatzgefäß geben und mit Wodka auffüllen. An einem sonnigen Platz ca. 4 Wochen ziehen lassen, dabei täglich schütteln. Danach den Schnaps filtern und in Flaschen umfüllen.

Zutaten:

150 g Jasminblüten (getrocknete, aus der Apotheke)

100 g weißer Kandiszucker

0,75 l Wodka

Tipp:
Jasmin fördert die Durchblutung und wirkt anregend.

Hinweis: Bei den kleinen Jasminblüten im Bild handelt es sich nicht um den Echten Jasmin. Sie sind nur als Dekoration, aber nicht für den Ansatz geeignet!

Johanniskraut-schnaps

Zubereitung

Die Johanniskrautblüten zusammen mit dem Wodka in eine Flasche füllen und ca. 5 Wochen an einem warmen, aber dunklen Platz ziehen lassen.

Zutaten:

50 g Johanniskrautblüten (getrocknet, aus der Apotheke)

0,75 l Wodka (wenn möglich 50 % vol.)

Tipp:
Johanniskraut ist eine wichtige Heilpflanze und kann u. a. bei nervöser Unruhe die Stimmung aufhellen.

Während der ersten 3 Wochen täglich schütteln, dann ruhen lassen. Danach den Schnaps filtern und umfüllen.

Kaffee-schnaps

Zubereitung

Die Kaffeebohnen mit dem Zucker und der zerkleinerten Vanilleschote in eine große Flasche geben und mit dem Wodka auffüllen.

Zutaten:

250 g Kaffeebohnen (Espressobohnen)
1 Vanilleschote
20 g Zucker
0,75 l Wodka

Tipp:

Kaffeeschnaps wirkt sehr anregend, wenn Sie einen langen Abend hellwach bleiben wollen.

Den Ansatz ca. 6 Wochen an einem hellen Platz reifen lassen und dabei ab und zu schütteln. Danach den Kaffeeschnaps filtern und in Flaschen umfüllen.

Kamillen-schnaps

Zubereitung

Die getrockneten Kamillenblüten mit dem Weingeist und dem destillierten Wasser in eine Flasche füllen und 6 Wochen an einem sonnigen Ort ziehen lassen. Ab und zu gut durchschütteln. Anschließend sehr sorgfältig filtern und in Flaschen umfüllen. Den fertigen Kamillenschnaps noch 3 Monate ruhen lassen.

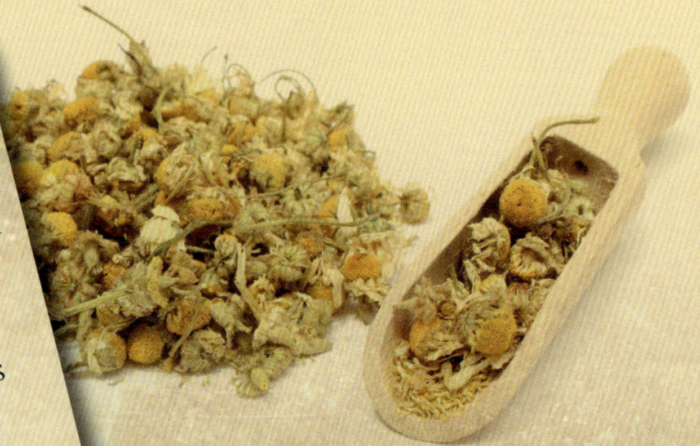

Zutaten:

50 g Kamillenblüten
0,5 l Weingeist (96 % vol.)
0,5 l destilliertes Wasser

Tipp:
Kamillenschnaps wirkt gegen Blähungen und leichte Krämpfe im Magenbereich.

Hinweis:
Falls Sie frische Kamillenblüten verwenden wollen, sollten Sie diese einige Tage trocknen lassen.

Kleeschnaps

Zubereitung

Die Kleeblüten in ein Ansatzgefäß geben und mit dem Wodka übergießen. Das Gefäß verschließen und den Ansatz 6 Wochen an einem sonnigen Platz reifen lassen.

Zutaten:

50 g getrocknete Rotkleeblüten (aus der Apotheke)

(oder 2 Hände voll Blüten pflücken und trocknen)

0,75 l Wodka

Danach filtern und abfüllen.
Je nach Geschmack kann noch etwas Zucker zugesetzt werden.

Tipp:
Der Kleeschnaps wird noch besser, wenn man ihn ein paar Wochen an einem kühlen Ort nachreifen lässt.

Knoblauchschnaps

Zubereitung

Die einzelnen Knoblauchzehen schälen und mit der Knoblauchpresse zerdrücken. Dann zusammen mit dem Zucker in eine Flasche geben und mit dem Wodka auffüllen.

Zutaten:

1 Knoblauchknolle
0,75 l Wodka oder Doppelkorn
1 EL Zucker

Den Ansatz gut verschlossen 2 Wochen an einem möglichst warmen Platz ziehen lassen und ab und zu schütteln. Danach den Knoblauchschnaps filtern und in Flaschen umfüllen.

Tipp:
Knoblauchschnaps hilft bei Magenverstimmungen und ist darüber hinaus auch eine sehr gute Soßenwürze.

Lavendelschnaps

Zubereitung

Lavendelblüten, Weidenrinde und Gewürznelken in ein Ansatzgefäß geben und mit dem Wodka auffüllen. Das verschlossene Gefäß 2 Wochen ziehen lassen und ab und zu schütteln.

Zutaten:

30 g Lavendelblüten
20 g Weidenrinde (aus der Apotheke)
3 Gewürznelken
0,75 l Wodka oder Grappa

Tipp:
Ein Gläschen Lavendelschnaps am Abend tut der Seele gut.

Dann den Ansatz sorgfältig filtern und in Flaschen abfüllen. Den Lavendelschnaps noch eine Woche ruhen lassen.

Löwenzahn-schnaps

Zubereitung

Die Löwenzahnblüten waschen und von den grünen (bitter schmeckenden) Kelchblättern befreien. In ein Ansatzgefäß geben und mit dem Wodka auffüllen. Alle Blüten müssen gut bedeckt sein.

Zutaten:

50 Löwenzahnblüten

0,75 l Wodka oder Obstler

Tipp:

An einem schönen Sommerabend empfiehlt sich ein eisgekühlter Cocktail aus Löwenzahnschnaps und Fruchtsaft (z. B. Orange, Limette, Ananas).

Das Gefäß gut verschließen und mindestens 2 Wochen stehen lassen. Danach den Ansatz filtern und in Flaschen umfüllen.

Melissen-schnaps

Zubereitung

Die Melissenblätter zusammen mit den Gewürzen und mit der in kleine Stücke geschnittenen Zitrone in ein Ansatzgefäß geben und mit dem Weingeist auffüllen, bis alle Melissenblätter vollständig bedeckt sind.

Zutaten:

- 2 große Tassen Melissenblätter (Zitronenmelisse)
- 1 ungespritzte Zitrone
- 1 TL Anis
- 1 TL Fenchel
- 1 TL Kümmel
- 300-400 ml Weingeist (Apotheke)

Tipp:
Auf Trinkstärke verdünnt hilft ein Gläschen Melissenschnaps gegen innere Unruhe und Nervosität.

Den Ansatz gut verschließen und 2 bis 3 Wochen an einem warmen Platz ziehen lassen, ab und zu schütteln. Danach den Melissenschnaps filtern, mit ca. 0,2 l Wasser verdünnen, in kleine Flaschen abfüllen und noch 3 bis 4 Wochen reifen lassen.

Nelkentinktur

Zubereitung

Die Gewürznelken zusammen mit dem Cognac in eine dunkelbraune Flasche geben und diese gut verschließen. Dann die Flasche an einen warmen Ort stellen, aber keiner Sonneneinstrahlung aussetzen.

Tipp:
Einige Tropfen Nelkentinktur können Zahnschmerzen erträglicher machen.

Den Ansatz 2 Wochen lang ruhen lassen. Danach die Tinktur filtern, umfüllen und kühl aufbewahren.

Ringelblumentinktur

Zubereitung

Die Blütenköpfe leicht trocknen lassen und anschließend in ein Ansatzgefäß geben. Dann mit dem Wodka aufgießen, bis alle Blütenblätter vollständig bedeckt sind.

Zutaten:

100 g frische Ringelblumen-Blütenköpfe

150 ml Wodka oder Kornbrand (50 % vol.)

alternativ 150 ml Weingeist (70 % vol.)

Das Gefäß verschließen und 2 Wochen an einen warmen, sonnigen Platz stellen, ab und zu schütteln. Danach den Ansatz filtern und in dunkle Apothekerfläschchen umfüllen.

Rosmarintinktur

Zutaten:

Einige frische Zweige Rosmarin

150 ml Weingeist (70 % vol.) aus der Apotheke

Zubereitung

Die Rosmarinzweige zerkleinern, braune Blätter (Nadeln) und holzige Stängel entfernen und dann in ein nicht zu großes Ansatzgefäß geben. Mit dem Weingeist auffüllen.

Alle Blätter müssen gut bedeckt sein. Den Ansatz gut verschließen und mindestens 4 Wochen an einen sonnigen Platz stellen, täglich schütteln.
Danach die Tinktur filtern und in kleine braune Apothekerflaschen umfüllen.

Spitzwegerich-tinktur

Zubereitung

Die Spitzwegerichblätter waschen, gut trocken tupfen und grob in Stücke schneiden. In eine Flasche mit weitem Hals geben und mit dem Weingeist auffüllen. Die Blätter müssen vollständig bedeckt sein.

Zutaten:

20 frische Spitzwegerichblätter
0,5 l Weingeist (70 % vol.)